Bernd Schubert
Braunstraße 37
87700 Memmingen
geb. 16.04.1977

Klinikum Memmingen
Herrn Dr. Andreas Küthmann

Polizei Memmingen
Herrn Joachim Huber

Sehr geehrte Damen,
sehr geehrte Herren,

Sabotage an meinem Fahrrad, Tatzeit 21.05.2021

heute wurde eine wichtige Schraube an meinem Fahrrad
abgeschraubt und gestohlen.

Der Täter will,

- dass ich mich nicht mehr draußen aufhalte

- dass ich nicht mehr Sport mache

Das Fahrrad stand abgesperrt vor meinem Wohnblock.

Während der Fahrt von meinen Eltern in der Erfurter Straße in die Braunstraße viel ein Pedal von

meinem Fahrrad ab und ich musste den halben Weg mein Fahrrad nach Hause schieben zur

Braunstraße 37, 87700 Memmingen

Ich fasse noch einmal zusammen was in der Braunstraße schon alles vorgefallen ist

- Diebstahl meines Mountainbikes

- Beschädigung meines Fahrradschlosses

- Laute Silvesterraketen in der Nacht um 2:00 Uhr, 5 x so dass ich fast aus dem Bett gefallen bin

- Diebstahl eines Tisches, der nur draußen im Flur stand als mein Vater und ich die Wohnung gestrichen haben

- Dauernde Ruhestörung durch die Russen, die unter mir im 3. OG wohnen

  (Deshalb musste ich den Arbeitsplatz bei Taxi Maier, Memmingen aufgeben

Ich füge mein Zeugnis der Polizeiprüfung von 1995 bei

Auch füge ich das Zeugnis von der Raiffesenbank-Volksbank Bad Wörishofen-Ottobeuren eG bei

Bitte kümmern Sie sich um die Angelegenheit. Ich möchte, dass die die gegen mich sind, zur Rechenschaft gezogen werden.

Mit freundlichen Grüßen

Bernd Schubert

Bankkaufmann Raiffeisen-Volksbank Bad Wörishofen-Ottobeuren eG
Industriekaufmann Farben Baeuerle GmbH & Co. KG Memmingen-Steinheim
Taxiunternehmer (Fahrservice Schubert 2006-2007 in Memmingen)
Schriftsteller (Books on Demand Norderstedt Hamburg)

Anlagen

An meinen Cousin Thomas Merk:

Herr Polizist Rodler war vor ein paar Tagen in meinem Elternhaus bei meinem Vater Rainer Schubert, Polizei- hauptkommissar i. R.

Ich schilderte Herrn Rodler nochmal alles so wie es war.

Herr Rodler sagte, er werde es so der Staatsanwaltschaft weitergeben.

Werde nun ICH angeklagt, weil ich der Polizei das defekte Pedalsystem mitgeteilt habe?

Oder wieso landet alles bei der Staatsanwaltschaft?

Wieso ist der Täter noch nicht gefunden?

Mit freundlichen Grüßen

Bernd Schubert

Schriftsteller (BoD)

An meinen Kumpel aus Illertissen und meinen Cousin Thomas Merk

kauft Euch Ananas beim Feneberg. Allerdings tun die jetzt Männer an die Kasse.

Das gefällt mir nicht so.

Auch beim Mc Donalds ists sehr gut, die tun allerdings auch Männer an die Kasse.

Manfred habe ich schon mitgeteilt, dass ich heute 19 Jahre arbeitslos bin.

Das ist nur mit dem deutschen Staat möglich.

Ich wollte immer arbeiten.

Die linken Schweine in Bank und Industrie haben mir meinen Arbeitsplatz genommen.

Beim Farben Schmid hat man mich gekündigt, weil einer von der Bundeswehr wieder

zurück gekommen ist. Neun Monate habe ich um sonst alles gelernt.

Mir fehlt nun jeden Monat mein Lohn.

Mit 1.100 Euro kann ich nicht viel machen.

Ich bin nun 44 Jahre alt und habe den Lohn eines 19-jährigen.

Gruß

Bernd Schubert

PRÜFUNGSAMT DER BAYERISCHEN POLIZEI

Prüfungszeugnis

Herr/Frau   Bernd   S c h u b e r t   16.04.1977
             (Vor- und Zuname)   (Geburtsdatum)

hat die nach der Verordnung über die Einstellungsprüfung für die Laufbahn
des mittleren Polizeivollzugsdienstes in Verbindung mit der Allgemeinen
Prüfungsordnung (APO)

durchgeführte

Einstellungsprüfung für den mittleren Polizeivollzugsdienst Nr. 248/ 95

im schriftlichen Teil mit der Gesamtnote   befriedigend (2,55)

im sportlichen Teil mit der Gesamtnote   befriedigend (2,66)
bestanden. (199. EP am 10.10.95)

Einzelergebnisse der schriftlichen Prüfung:

Sprachtest: Note: 1,90

Grundfähigkeitstest: Note: 3,20

                              München,   11.12.1995

                                  Peter
                                  Oberregierungsrat

Notenskala   1 = sehr gut,   2 = gut,   3 = befriedigend,   4 = ausreichend,   5 = mangelhaft,   6 = ungenügend

P 27

Angela Merkel´s Facebook Seite

Aachener Vertrag: Merkel und Macron besiegeln neuen Freundschaftspakt

Am Dienstag haben Bundeskanzlerin Angela Merkel und der

aachener-zeitung.de

vor 9 Stunden · 17 Mai geteilt

Alle ansehen

Bernd Schubert
31. Oktober 2018 um 20:00 · 🌐 ▾

Wenn ich Kanzler wäre - Schreiben an Angela Merkel

. Frau Bundeskanzlerin Angela Merkel hat mein Buch ...

Bayerisches Staatsministerium des
Innern, für Bau und Verkehr

Bayerisches Staatsministerium des Innern, für Bau und Verkehr
80524 München

Herrn
Bernd Schubert
Gerberplatz 5
87700 Memmingen

Bayern.
Die Zukunft.

Ihr Zeichen, Ihre Nachricht vom 08.07.2017	Unser Zeichen IC4-3618-8-5	Bearbeiter Herr Vogginger	München 12.07.2017
	Telefon / - Fax 089 2192-2554	Zimmer BR4-0426	E-Mail stmi.polizeiverkehr@polizei.bayern.de

Verfolgung und Ahndung von Verkehrsordnungswidrigkeiten;
Beschwerde über Ruhestörung durch laute Kfz-Führer

Sehr geehrter Herr Schubert,

hiermit bestätigen wir den Eingang Ihres Schreibens vom 08.07.2017. Wir haben
das Polizeipräsidium Schwaben Süd/West gebeten, Ihr Anliegen zu prüfen und
Ihnen abschließend zu antworten. Weitere Nachricht werden Sie unmittelbar von
dort erhalten. Bis dahin dürfen wir noch um Geduld bitten.

Mit freundlichen Grüßen

Vogginger
Erster Polizeihauptkommissar

Telefon: 089 2192-01   E-Mail: poststelle@stmi.bayern.de   Odeonsplatz 3 - 80539 München
Telefax: 089 2192-12225   Internet: www.innenministerium.bayern.de   U3, U4, U5, U6, Bus 100 (Odeonspl.)

Polizeipräsidium Schwaben Süd/West

Sachgebiet PV 1

Polizeipräsidium Schwaben Süd/West, 87439 Kempten

Herrn
Bernd Schubert
Gerberplatz 5
87700 Memmingen

Ihr Zeichen, Ihre Nachricht vom	Unser Zeichen PV1-6420	Bearbeiter Frau Kögel	Kempten 18.08.2017
	Telefon / - Fax 0831-9909-1613 / -1619	Zimmer 203	E-Mail pp-sws.pp.pv1@polizei.bayern.de

Ihre Beschwerde vom 28.07.2017 gegen Beamte der Polizeiinspektion Memmingen

Sehr geehrter Herr Schubert,

wir bestätigen Ihnen den Eingang Ihres Schreibens vom 28.07.2017.

Wir haben dieses zuständigkeitshalber an die Polizeiinspektion Memmingen zur weiteren Bearbeitung übermittelt. Diese wird sich mit Ihnen in Verbindung setzen.

Mit freundlichen Grüßen

Kögel

Kögel
Polizeioberinspektorin

Hausanschrift   Adresse Briefe 11   Öffentliche Verkehrsmittel: Telefon: 0831/9909-0   Bankverbindung:
                 87439 Kempten   Linie 10 Laubes (Rathaus/Brücke)   Telefax: 0831/9909-1499   Bayerische Landesbank München
                                      Linie 5A und b (Rathausplatz/Brücke)   Internet: www.pp-schwaben-suedwest.de   IBAN: DE74 7005 0000 0001 3792 62
                                      Linie 2 auf dem Bus (Rathaus/Friedhof)   eMail: pp-sws.verkehr-pp@polizei.bayern.de   BIC: BYLADEMM
                                      Linie 6 Schwabenweg Süd (Rathaus/Friedhof)

Polizeiinspektion Memmingen

- Leiter -

Polizeiinspektion * Am Schwanenweiher 2 * 87700 Memmingen

Herr
Bernd Schubert
Gerberplatz 5

87700 Memmingen

05.09.2017

Sehr geehrter Herr Schubert,

bezugnehmend auf ihre Mail vom 28.07.2017 an das StMI, Sachgebiet IC4 möchte ich Ihnen hiermit wie folgt Auskunft geben:

Mit dem Fahrer des Pkw MM-ZZ 300 wurde Kontakt aufgenommen.

Dieser zeigte sich sehr einsichtig. Er gab an, dass es sich bei dem Fahrzeug um einen sehr PS-starken Wagen handelt und dieser beim Gas geben den für einen Sportwagen typischen Auspuffsound erzeugt.

Der Herr wurde mündlich verwarnt.

Für meine etwas verspätete Antwort bitte ich um Nachsicht, da ich mich bis vor Kurzem im Urlaub befand.

Mit freundlichen Grüßen

Eberhard Bethke
Polizeioberamt

Hausanschrift: Am Schwanenweiher Telefon: 08331 / 100- 0
87700 Memmingen Telefax: 08331 / 100-140
eMail: pp-schw.memmingen.pi@polizei.bayern.de

Ministerium für
Schule und Weiterbildung
des Landes Nordrhein-Westfalen

Ministerium für Schule und Weiterbildung NRW 40190 Düsseldorf
Herrn
Bernd Schubert
Werkstraße 5 b
89257 Illertissen

30. Januar 2014
Seite 1 von 1

Aktenzeichen
412
bei Antwort bitte angeben

Auskunft erteilt:
Frau Bernsdorf

Telefon   0211 5867-3303
Telefax   0211 5867-3220
jea-
nette.bernsdorf@msw.nrw.de

Buch Fahrservive Schubert

Ihr Schreiben vom 14.12.13

Sehr geehrter Herr Schubert,

Frau Ministerin Löhrmann hat Ihr o. g. Schreiben gelesen und mich gebeten, Ihnen zu antworten.

Das von Ihnen übersandte Buch fällt in den Bereich der **pauschal zu-
gelassenen Lernmittel**.

Für diese Werke gilt folgende Regelung:

Die einzelne Schule gestaltet den Unterricht im Rahmen der Richtlinien
und Lehrpläne in eigener Verantwortung. Deshalb gelten auch ergän-
zende Medien, die nur kurzfristig im Unterricht eingesetzt werden, als
pauschal zugelassene Lernmittel.

Ich hoffe, Ihnen mit dieser Auskunft weitergeholfen zu haben und ver-
bleibe

mit freundlichen Grüßen

Im Auftrag

Bernsdorf

Jeanette Bernsdorf

Anschrift:
Völklinger Straße 49
40221 Düsseldorf
Telefon   0211 5867-40
Telefax   0211 5867-3220
poststelle@msw.nrw.de
www.schulministerium.nrw.de

Öffentliche Verkehrsmittel:
S-Bahnen S 8, S 11, S 28
(Völklinger Straße)
Rheinbahn Linien 704, 709
(Georg-Schulhoff-Platz)

Bayerisches Staatsministerium für Bildung und Kultur, Wissenschaft und Kunst
80327 München

Herrn
Bernd Schubert
Werkstraße 5b
89257 Illertissen

Ihr Zeichen / Ihre Nachricht vom	Unser Zeichen (bitte bei Antwort angeben)	München, 17.01.2014
14.12.2013	IV.1 – 5 S 1310 – 3.153.784	Telefon: 089 2186 2119
	M-Nr.: BK 2010	Name: Frau Kruschke

Buch „Fahrservice Schubert"

Sehr geehrter Herr Schubert,

Herr Staatsminister dankt für Ihr Schreiben vom 14. Dezember 2013, in
dem Sie Ihr Buch „Fahrservice Schubert" vorstellen. Herr Staatsminister hat
Ihr Schreiben mit der Bitte um Beantwortung an das zuständige Fachreferat
übermittelt. Gerne antworte ich Ihnen auf Ihr Anliegen.

Ihre Autobiografie beschreibt Ihren beruflichen und persönlichen Lebens-
weg der letzten Jahre. Wir bitten um Verständnis, dass das Bayerische
Staatsministerium für Bildung und Kultur, Wissenschaft und Kunst grundsätzlich keine Empfehlungen für bestimmte Produkte ausspricht. Hier agie-
ren die Schulleitungen in pädagogischer Eigenverantwortung.

Für Ihre Zukunft wünsche ich Ihnen alles Gute.

Mit freundlichen Grüßen

Maria Wilhelm
Regierungsdirektorin

Telefon: 089 2186 0
Telefax: 089 2186 2800

E-Mail: poststelle@stmbw.bayern.de
Internet: www.km.bayern.de

Salvatorstraße 2 · 80333 München
U3, U4, U5, U6 - Haltestelle Odeonsplatz

Hessisches Kultusministerium

HESSEN

Hessisches Kultusministerium Postfach 3160 65021 Wiesbaden

Herr
Bernd Schubert
Werkstraße 5 b
89257 Illertissen

Aktenzeichen	I.4-Gö-674.000.001-00070
Bearbeiterin	Sonja Gölden
Durchwahl	0611 368-2709
PC-Fax direkt	0611 327152709
E-Mail	Sonja.Goelden@hkm.hessen.de
Datum	08. Januar 2014

Ihr Buch „Fahrservice Schubert"
Ihr Schreiben vom 14. Dezember 2013

Sehr geehrter Herr Schubert,

haben Sie vielen Dank für Ihr Schreiben vom 14. Dezember 2013, mit dem Sie Ihr Buch „Fahrservice Schubert" übersandten. In Ihrem Brief regen Sie eine Nutzung im Schulunterricht an.

Da Ihr Buch eine Lektüre ist, bedarf es keiner Zulassung. Soweit Schulen derartiges Material verwenden wollen, können sie dies in eigener Verantwortung und pädagogischer Entscheidung tun. Eine Unterstützung seitens des Kultusministeriums kann aus wettbewerbsrechtlichen Gründen nicht erfolgen.

Ich bedanke mich für Ihr Engagement und wünsche Ihnen für Ihre weitere Tätigkeit viel Erfolg.

Mit freundlichen Grüßen
Im Auftrag

Gölden

Ute Wormland **Büroleiterin**
Niedersächsisches
Kultusministerium

Herrn
Bernd Schubert
Werkstraße 5B
89257 Illertissen

Hannover, 3 . Januar 2014

Sehr geehrter Herr Schubert,

im Namen von Frau Kultusministerin Heiligenstadt sende ich Ihnen zu meiner Entlastung das Buch „Fahrservice Schubert" mit herzlichem Dank und besten Wünschen und Bitte um Verständnis zurück.

Mit freundlichen Grüßen

Ute Wormland

Schiffgraben 12
30159 Hannover
Telefon   (0511) 120-7111
Telefax   (0511) 120-7454
E-Mail: ute.wormland@mk.niedersachsen.de

Bernd Schubert

Der Autor

Bernd Schubert Memmingen, 10.07.2017
Gerberplatz 5
87700 Memmingen
geb. 16.04.1977

Bundeskanzleramt

11012 Berlin

Sehr geehrte Damen und Herren,

ich wurde vom Polizeiwesen getäuscht.

Wie Sie aus beigefügten Unterlagen ersehen können, erhielt ich am 21.04.17
einen Bussgeldbescheid über 128,50 EUR. Am 29.06.2017 erhielt ich eine
Kostenberechnung zusätzlich über 18,50 EUR. Vom Amtsgericht Memmingen
erhielt ich am 12.06.17 ein Bussgeldverfahren gegen mich, AZ 1 OWi 114 Js
8967/17.

Tathergang:

Herr Kerschbaumer Marco, der Mieter über mir und seine Ehefrau läuteten mit
der Polizei, Polizist PM Rampp, und einer Polizistin an meiner Wohnungstür.

Herr Kerschbaumer sagte vor der Polizei zu mir: Jetzt tun Sie nicht so, wir
haben Ihnen einen Brief eingeschmissen. (Brief beigefügt)

Meine Musik, die ich laut Polizei und des undurchsichtigen Mieters über mir,
der Mieter hat noch nie ein Wort mit mir gesprochen, zu laut gehabt hätte, die
Musik war nicht einmal durch die Tür im Treppenhaus zu hören, störte die
Mieter, über mir wohnend, und den Polizeibeamten die Polizeibeamtin. Man
würde die Musik von unten durch die Decke zu den Mietern über mir hören,
obwohl die Musik auf Zimmerlautstärke von mir eingestellt war. Zusätzlich

sagte Herr Kerschbaumer vor der Polizei, dass ich den ganzen Tag schon poltern würde. Ich habe meine Wohnung sauber gemacht.

Der Polizeibeamte sagte, ohne MICH über den Tathergang zu befragen, zu mir: Sie bekommen eine Anzeige, aggressiv. Seine Unfreundlichkeit war nicht zu überbieten. Die beiden Polizisten wollten, dass ich noch irgendwas zum Tathergang sagte. Ich sagte: Gut, ich mache gar keine Musik. Die Polizisten gingen nach Hause. Dann schloss ich die Wohnungstür.

Gibt es einen Gerichtsrevisor für dieses Debakel?

Des übrigen möchte ich wissen wer da über mir wohnt.

Freundliche Grüße

Bernd Schubert

Anlagen
Brief Herr Kerschbaumer
Abladung
Amtsgericht Memmingen, Bussgeldbescheid
Amtsgericht Memmingen, Kostenberechnung
Amtsgericht Memmingen, Bussgeldverfahren
Rüchnahme des Einspruchs
Abgabemitteilung Staatsanwaltschaft

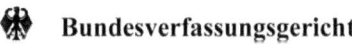

Bundesverfassungsgericht

- Büro des Präsidenten -

Bundesverfassungsgericht • Postfach 1771 • 76006 Karlsruhe

Herrn
Bernd Schubert
Gerberplatz 5
87700 Memmingen

Aktenzeichen	Bearbeiter/in	☎ (0721)	Datum
	Fr. Hofmann-Storck	9101-313	15.02.2017
(bei Antwort bitte angeben)			

Bücher

Sehr geehrter Herr Schubert,

Herr Präsident hat mich gebeten, Ihnen für Ihre übersandten Bücher zu danken und gleichzeitig zu antworten.

Schon aus den Klappentexten der Bücher ist zu erfahren, dass Sie ein engagierter Bürger und Mensch sind, der für die Sache und auch für seine Werte überzeugend einsteht; für diese Stärke und dieses Engagement können wir nur gebührenden Respekt zum Ausdruck bringen. Gleichwohl muss ich Sie um Verständnis dafür bitten, dass wir Ihnen Ihre Bücher zurücksenden. Herrn Präsidenten wie auch den übrigen Verfassungsrichter/Innen ist es grundsätzlich verwehrt, Geschenke oder ähnliches anzunehmen.

Mit der Bitte um Verständnis und freundlichen Grüßen aus Karlsruhe

(Andrea Hofmann-Storck)
- Büroleiterin -

Anlage: 4 Bücher

Dienstgebäude: Schloßbezirk 3, 76131 Karlsruhe
Postfach 1771, 76006 Karlsruhe
Telefon 0721/9101-313 • Telefax 0721/9101-700
e-mail: ahofmann@bundesverfassungsgericht.de

Staatsanwaltschaft Memmingen

Staatsanwaltschaft Memmingen, Hallhof 1 + 4, 87700 Memmingen

Herrn
Bernd Schubert
Gerberplatz 5
87700 Memmingen

Frau Staatsanwältin Kiening
Telefon: 08331 105 311
Telefax: 08331 105 322

Ihr Zeichen, Ihre Nachricht vom	**Bitte bei Antwort angeben** Akten- / Geschäftszeichen	pfi Datum
	229 Js 12834/17	26.07.2017

Ermittlungsverfahren gegen Henn
        wegen Beleidigung

Sehr geehrter Herr Schubert,

in dem oben genannten Verfahren habe ich mit Verfügung vom 26.07.2017 folgende Entscheidung getroffen:

Der Strafanzeige d. Bernd Schubert vom 14.07.2017 wird gemäß § 152 Abs. 2 StPO keine Folge gegeben.

Gründe:

Gemäß § 152 Abs. 2 StPO ist ein Ermittlungsverfahren wegen verfolgbarer Straftaten nur dann einzuleiten, wenn hierfür zureichende tatsächliche Anhaltspunkte vorliegen. Diese müssen es nach den kriminalistischen Erfahrungen als möglich erscheinen lassen, dass eine verfolgbare Straftat vorliegt.

Ansätze für eine Beleidigung im Sinne des § 185 StGB sind vorliegend nicht ansatzweise erkennbar.

Hausanschrift	**Haltestelle**	**Geschäftszeiten**	**Kommunikation**
Hallhof 1 + 4	Bahnhof (5 Min. Fußweg),	Mo - Fr 08.00 Uhr - 12.00	**Telefon:** 08331/105-0
87700 Memmingen	Bushaltestelle Weinmarkt	Uhr oder nach	**Telefax:** 08331/105-322
	Behindertenparkplatz	Vereinbarung	poststelle@sta-mm.bayern.de
	Hallhof		

Die E-Mail-Adresse eröffnet keinen Zugang für formbedürftige Erklärungen in Rechtssachen

Herrn
Bernd Schubert
Gerberplatz 5
87700 Memmingen

UniCredit Bank AG
Online Filiale
8100POB1
90325 Nürnberg
Telefax:
E-Mail: helena.klaric@unicredit.de

Ihr Gesprächspartner
Helena Klaric

Telefon
+49 08937842654

Datum
01. August 2017

Ihr Konto, Nummer: 15424827
Hier: Kontokündigung

Sehr geehrter Herr Schubert,

unter Hinweis auf Ziffer 19 unserer Allgemeinen Geschäftsbedingungen kündigen wir die Kontoverbindung
und gegebenenfalls bestehende Kartenverträge bezüglich des oben genannten Kontos zum

06.10.2017.

Bitte sorgen Sie dafür, dass Ihr Zahlungsverkehr ab diesem Zeitpunkt nicht mehr über uns abgewickelt
wird.

Teilen Sie uns bitte Ihre neue Kontoverbindung unter Angabe von IBAN und BIC (bei Konten im Ausland)
mit, damit wir Ihnen das auf dem Konto bestehende Restguthaben zum Kündigungstermin überweisen
können.

Die noch in Ihren Händen befindlichen Scheckvordrucke sowie die Kundenkarte/ ec-Karte/ Visa-Karte/
MasterCard, UniCredit Prepaidkarten sind dann spätestens zum oben genannten Zeitpunkt an uns
zurückzugeben.

Nachfolgende Punkte zu Ihrer Information:
- Vorgemerkte Daueraufträge werden wir zum o. g. Zeitpunkt streichen, diese werden dann nicht mehr
  ausgeführt
- EC-/Kreditkarten werden wir zum o. g. Zeitpunkt sperren

Mit freundlichen Grüßen

Ihr KundenCenter

Vorstandsmitglieder
(J. Theodor Weimer (Sprecher des Vorstands))
Peter Buschbeck, Dr. Michael Diederich
Jürgen Danzmayer, Robert Schindler
Andrea Varese, Guglielmo Zadra

Vorsitzender des Aufsichtsrats:
Gianni Franco Papa

UniCredit Bank AG

Rechtsform: Aktiengesellschaft
Sitz: München
Registergericht: München HRB 421 48
Steuer-Nr. 143-157-77400
USt-IdNr. (d) 129 273 380

www.hvb.de

Bernd Schubert   Memmingen, 27.07.2017
Gerberplatz 5
87700 Memmingen
geb. 16.04.1977

Hypovereinsbank München

Ihr Beschwerdeschreiben vom 25.07.17

Sehr geehrte Frau Klaric,

in Ihrem Schreiben vom 25.07.17 führen Sie auf, dass ich die EC-Karte bei dem Bankbesuch bei dem es ein Problem mit
Ihrer Bankangestellten, Frau Henn, gegeben hat, nicht dabei gehabt hätte. Ich habe die EC-Karte bei jedem Bankbesuch
dabei. Die Frau Henn hat mich nicht danach gefragt.

Frau Henn hat absichtlich 5 Minuten provuziert, und nach 5 Minuten noch keine Aussage über mein Konto gegeben.
Andauernd war Frau Henn absichtlich unfreundlich zu mir, wenn ich etwas fragte.

Der Abteilungsleiter, Herr Ulm, drohte mir an, er könne mir das Konto kündigen, es gab aber keinen Grund hierfür.

Mit freundlichen Grüßen

Bernd Schubert

PI Memmingen

Sehr geehrte Damen und Herren,

Wegen der Bankangestellten, Frau Henn, habe ich bei Ihnen wegen Beleidigung eine Anzeige gemacht.

Ich füge Ihnen heute das Antwortschreiben von der Beschwerdestelle der HVB bei. Auch mein Antwortschreiben an die HVB, Beschwerdestelle, füge ich Ihnen bei.

Es wird beim Antwortschreiben der Beschwerdestelle der HVB Falsches dargestellt. Die Aussage von der Bankangestellten, Frau Henn, wollen Sie Klorollen, als ich fragte, in der Bank, wohlgemerkt, ob ich Rollen haben könnte, ist für mich der Hohn.

Meine EC-Karte gab ich der Frau Henn, die Frau Henn hat sie dann an Herrn Ulm weitergegeben. Herr Ulm hat sie mir dann wieder, nach der Aktion, ausgehändigt.
Falsch ist, dass von den Bankangestellten, Frau Henn und Herrn Ulm, behauptet wird, dass ich meine EC-Karte nicht dabei gehabt hätte.

Nehmen Sie dies bitte zu Ihren Akten.

Vielen Dank im voraus.

Mit freundlichen Grüßen

Bernd Schubert

Herstellung und Verlag: BoD – Books on Demand, Norderstedt
ISBN: 9783754307588